CHANT DU SACRE

DE

SA GRANDEUR

MONSEIGNEUR CLOVIS-NICOLAS-JOSEPH

CATTEAU

ILLUSTRISSIME & RÉVÉRENDISSIME

ÉVÊQUE DE LUÇON

21 NOVEMBRE 1877

SAINT-OMER
IMP. ET LITH. DE H. D'HOMONT, RUE DES TRIBUNAUX, 4

1877

H. Lesage

CHANT DU SACRE

DE MONSEIGNEUR

CATTEAU

CHANT DU SACRE

DE

SA GRANDEUR

MONSEIGNEUR CLOVIS-NICOLAS-JOSEPH

CATTEAU

Illustrissime & Révérendissime

ÉVÊQUE DE LUÇON

21 NOVEMBRE 1877

SAINT-OMER
IMP. ET LITH. DE H. D'HOMONT, RUE DES TRIBUNAUX, 4

1877

I

Que vois-je ? une nouvelle étoile
Scintille au front du firmament,
Sa clarté limpide et sans voile
En fait le divin ornement.
C'est le Seigneur qui les allume,
C'est sa gloire qui les consume
Au chemin de l'apostolat ;
Leurs flammes pures et fécondes
Illuminent sans fin les mondes
Sous le ciel de l'Épiscopat.

Dieu te prit comme le prophète ;
D'une parole il t'a dit : « Va !
« Va, ne crains point pour ta conquête,
« Car je suis le Dieu Jéhovah.
« Dans ta main j'ai mis ma puissance,
« Dans ton cœur mon intelligence,
« Et sur ton front ma fermeté.
« Va, mon fils ! où mon Christ t'envoie ;
« Conduis mon peuple dans sa voie
« De gloire et d'immortalité.

« J'ai pesé ton grand sacrifice,
« Je l'ai trouvé digne de moi,
« De moi qui portai le calice
« Que mon cœur partage avec toi.
« Je prends le Vieillard sous ma garde ;
« Je l'aime, mon œil le regarde
« Désormais, comme toi, mon fils !
« Avec la cité tout entière,
« Et le peuple et le sanctuaire
« Moi, le Seigneur ! Je te bénis.

Le Christ préparait ton armure
A l'autel même de Saint-Vaast;
Il avait dit : Son âme est mûre
Pour les jours de l'Épiscopat.
Ton génie au grand séminaire,
Tout resplendissant de lumière,
Déroulait la divine loi ;
Et l'âme ardente des lévites,
Y puisait, en divins mérites,
Les saintes ardeurs de ta foi.

Tu formais des cérémonies
L'ordre pompeux et solennel,
Et dirigeais les harmonies
Qui règlent le culte et l'autel.
Dans la pompe du sanctuaire,
Sous l'hermine du grand vicaire
On voyait percer le Prélat.
Le Seigneur disait : Qu'on le nomme !
Ton nom retentissait à Rome,
Béni par le Pontificat.

Le Pontife que tout cœur aime
Longtemps avait guidé tes pas;
Chaque jour il voyait lui-même
Ta science aux divins combats.
Il t'a dit : Pars ! ta foi fidèle
Sans rien emporter que son zèle
Saluait l'ange de Luçon ;
Et lui, Pontife magnanime,
Devant Dieu, d'un élan sublime,
Acclamait son fils et son nom.

Et nous tes amis, frères d'armes
Dans la milice du Seigneur,
Heureux, nous te donnions des larmes,
Comme un parfum de notre cœur.
Nous savions tous combien ton âme
Apporte d'amour et de flamme
Dans les camps sacrés de la foi ;
Le diocèse criait : Gloire !
Luçon lui répondait : Victoire !
C'était toi partout, toujours toi.

Et tu viens sur un sol fertile,
Par ton immense et saint labeur,
Semer le grain de l'Évangile
Et récolter pour le Seigneur.
Les gerbes qu'un Pasteur moissonne
Sont les fleurons de sa couronne,
Il lui faut ces divins lauriers.
Triomphe ! la lyre sonore
A des hymnes de gloire encore
Pour le Christ et pour ses guerriers.

Au sein des camps, un chef d'armée
Dresse ses nombreux pavillons,
Puis autour d'eux, l'âme enflammée,
Dispose tous ses bataillons.
Fils du génie et de ses œuvres,
Il connaît par quelles manœuvres
On doit préparer un combat ;
Avec la gloire, en sa carrière,
Il sème la valeur guerrière,
C'est à lui son apostolat.

Ainsi dans le champ de l'Église,
Apôtre du divin troupeau,
Sur Pierre fondant ton assise
Et levant ton noble drapeau,
Tu viens, à ton sacre fidèle
D'une main tenant la truelle,
De l'autre le glaive de foi;
Tu viens sur les pas du bon Maître,
Le faire aimer, servir, connaître
Dans la doctrine et dans la loi.

Hommage à ce ciel de lumière
Qu'un monde appelle Épiscopat!
C'est le Christ, c'est son caractère,
C'est son propre et splendide éclat.
Il soutient, console, illumine;
A son nom l'univers s'incline
Comme à sa parole de feu.
Il est Paul, il est Chrysostôme;
C'est le temple saint dont le dôme
Plane sur terre et touche à Dieu.

Magnanime est son cœur auguste,
Et céleste sa mission ;
Il est bon, il est fort et juste,
Il a l'oracle de Sion.
Souffle de tout ce qui respire,
Qu'est devant lui puissance, empire,
Nation, peuple, royauté ?
Dieu le marque d'un sceau suprême ;
Il porte au front le diadème
De l'éternelle Majesté.

L'Épiscopat, c'est le Christ même
Dans la sainte Église incarné,
Inondant de clarté suprême,
Tout front par elle illuminé ;
C'est son corps et sa voix divine
Immortalisant sa doctrine
Pour tous les temps et tous les lieux ;
Il vit et vivra ; sur ce monde,
Pas une âme qu'il ne féconde
Pour le règne éternel des cieux.

C'est la France, et c'est sa merveille ;
Il la forma dès le berceau,
Comme la ruche de l'abeille
Qui compose son miel nouveau.
Avec son âme et son génie
Il fit ses siècles d'harmonie,
D'honneur, de vertus et de foi ;
A toute page ses annales
Montrent des palmes triomphales
Sous le pli d'un manteau de roi.

O Prélat ! ta part d'héritage
A gardé les traditions
Qui la signalent d'âge en âge
Au sein des générations.
Où se posera ta houlette
Comme la verge du prophète,
Frappe, de nos héros fameux
Tu verras les illustres races
Surgir, et laisser sur leurs traces,
Des noms et des faits glorieux.

II

O joie ! ô gloire, ô jour du Sacre !
Luçon, Luçon, quelle splendeur !
C'est saint Vaast même qui consacre
Le fils bien-aimé de son cœur.
Les saints anges forment sa garde ;
Le Saint-Père à Rome regarde
Le nouvel Élu couronné ;
Si pieux, Il l'a vu naguère,
Devant la majesté de Pierre
D'amour et de foi prosterné.

Tu sais par quelle lutte ardente
On combat l'Église de Dieu.
Mais tu l'as dit : quoi que l'on tente,
Inébranlable est le saint lieu.
Ce siècle revoit la mêlée
Partout, toujours renouvelée
Nier le Christ, saper l'autel ;
Souvent il a crié : tout tombe ;
Mais il n'a conquis que la tombe,
Et le Sauveur règne immortel.

Aujourd'hui ton âme inondée
D'amour, de tendresse et de foi,
Avec tes fils de la Vendée
Acclame le Pontife-Roi.
Notre âme répond à ton âme ;
Notre dévouement le proclame
Le fort et le saint d'Israël ;
Son nom est le Père des pères
Et la Lumière des lumières
Le Roi des cœurs, la Clef du ciel.

Satan conjure sa ruine ;
Il veut dans l'abîme des flots
Engloutir la barque divine
Avec le Chef des matelots.
Divin Pilote, sur sa tête
Des vents d'orage et de tempête
Soufflent la mort avec fracas ;
Toujours plus fort que la tourmente,
Au sein de la mer écumante
Il meut sa barque et ne craint pas.

Nous L'avions vu dans le Concile,
Brillant comme un ciel étoilé,
Tenir debout sous l'Évangile,
Tout l'Épiscopat rassemblé ;
Que sa radieuse présence
Déroulait de magnificence
Au saint temple de Jéhovah !
Aux mondes Il jetait sa gloire,
Et les mondes heureux de croire,
Lui répondaient par l'hosanna.

Aujourd'hui la haine et l'audace
Lui refont un Gethsémani ;
On le dépouille, on le menace
On le traite comme un banni.
Mais qu'il paraisse et qu'il se lève,
De sa parole, divin glaive
On se sent terrassé soudain ;
On voudrait lier sa parole !
Jamais, son éternel symbole
Sera toujours le droit divin.

Il retrouve un nouveau prétoire
Et de vils calomniateurs ;
Il entend les cris de victoire
De ses ardents persécuteurs.
Ah ! quand sa voix daigne répondre
Il n'a qu'un mot pour les confondre :
Je suis le Christ du Dieu vivant.
On l'injurie, on le flagelle,
Quand à ses pieds se renouvelle
Le concours d'un monde émouvant.

Voilà, Seigneur, oui voilà l'homme
De la douleur et du pardon,
Plus grand qu'un univers dans Rome,
Sous sa majesté d'abandon ;
On peut le couronner d'épines
Son front dans les splendeurs divines
Se lève plus brillant encor ;
Comme la croix, son cœur attire ;
Sa gloire rayonne au martyre,
Comme au creuset resplendit l'or.

Le poids de sa longue souffrance
Trouve un céleste allégement
Quand une étoile d'espérance
Brille nouvelle au firmament.
Alors sa face épanouie
Montre son âme réjouie
Aux regards d'un fils de son cœur ;
Ainsi l'ange du sacrifice
Emportait le sanglant calice,
Et consolait le Dieu Sauveur.

III

Va donc où Dieu t'appelle et combats pour l'Église ;
Avec toi dans l'arène emporte ta devise :
Il faut que le Christ règne; il régne, il régnera.
C'est le cri de ta foi, c'est le cri de nos âmes ;
Où le Christ a les cœurs, tu garderas leurs flammes,
Ton zèle, ailleurs, les ravivra.

Comme dans la Judée, enfants de sa tendresse,
Venez, sa main bénit ; venez, sa main caresse,
Sa lèvre a les baisers du bon sauveur Jésus.
Il veut vous voir le cœur innocent et docile
Prendre, jeunes encor, le grain de l'Évangile,
Plus tard, le froment des élus.

Vous Pères, son espoir au bercail qu'il commande,
Prétez à son labeur tout l'appui qu'il demande,
Vous portez en vos mains le sort des nations ;
L'homme de nuit partout sème l'ivraie immonde ;
Il le faut, soutenez l'apôtre qui féconde
La foi des générations.

Répondez à sa voix, ô pieux sanctuaires!
Longtemps son nom brilla dans tous nos séminaires,
Qu'il retrouve à Luçon un même et pur éclat!
L'exemple des vertus que le peuple contemple,
Le rameau d'Israël qui fleurit au saint temple
Couronnent un Épiscopat.

Et vous, frères du Christ, ouvriers de toute heure,
Orphelins d'abandon, mère, veuve qui pleure
Entendez son appel et comprenez son cœur ;
Vous êtes son trésor, son apostolat même ;
L'Église, en vous servant, sert l'exemple suprême
Et la gloire du Dieu sauveur.

Quelle âme ne frémit quand elle voit la haine
Vous enrôler partout, inique souveraine,
Contre le Christ vivant, votre Dieu, votre appui ;
Nobles cœurs égarés par l'esprit de ténèbres
Qui vous fait le jouet de ses complots funèbres
Pour servir son orgueil à lui.

Vous le savez pourtant ; quel secours la souffrance
Peut puiser au trésor de haine et de vengeance ?
Quand le Christ dit : « venez, je vous soulagerai, »
Il pour Lui l'amour et pour vous la richesse ;
Plus que par sa puissance, il dit par sa tendresse
Venez, je vous consolerai.

Recevez donc la voix du Pasteur qui vous aime,
Sublimes travailleurs, en ce labeur suprême
Qui vous a faits si grands, si nobles devant Dieu ;
Pour vous voir tous heureux il donnerait sa vie ;
Il n'a d'autre bonheur que quand, l'âme ravie,
Il vous bénit tous au saint lieu.

Pontife du Seigneur ! notre ami, notre frère,
Notre frère d'amour, aujourd'hui notre père,
Nous te verrons toujours, apôtre de la foi,
Comme un héros du Christ, intrépide à ton poste,
Debout près de la croix, comme sous l'holocauste,
Faisant régner la sainte loi.

Nous savons ton grand cœur, marche et sois sans alarmes ;
Le Seigneur à tes mains a confié ses armes ;
Vous viendrez sous ses lois, ô vaillants d'Israël !
Avec ordre rangés comme une grande armée
Servir sa vigilance et son âme enflammée
Aux saints combats de l'Éternel.

Ainsi qu'un étendard, ta devise inspirée
Guidera tous les pas de ta tribu sacrée,
Tu la verras fidèle au poste de l'honneur
Avec toi pour le Christ combattre dans l'arène,
Et mettre chaque jour sa gloire souveraine
Dans les triomphes du Seigneur.

Et toi, noble Luçon ! mystique fiancée,
Désormais tu seras sa vie et sa pensée,
Sa vie et son lien, sa vie et son amour ;
Ta souffrance sera sa souffrance, ta joie
Sera sa joie ; au siége où Dieu l'envoie
Son cœur t'épouse en ce jour.

Adieu ! mon âme suit ton âme,
Partout l'autel fait l'unité ;
Adieu ! ton Sacre te réclame,
Adieu ! je ne t'ai point quitté.
Règle, guide, bénis, ordonne ;
Répands la grâce que Dieu donne
Au Pasteur de son saint troupeau ;
Servir l'armée et la patrie,
C'est encor vivre de ta vie,
L'apostolat est un drapeau !

H. LESAGE,
Chanoine h^re de Ste-Marie in Cosmedin,
Aumônier militaire,
Chevalier de la Légion d'honneur.

www.ingramcontent.com/pod-product-compliance
Ingram Content Group UK Ltd.
Pitfield, Milton Keynes, MK11 3LW, UK
UKHW021036200726
13857UKWH00005B/1762